El Hombre Moderno Renacentista

Contenido del Libro

Introducción 4
Comenzando el camino 6
Enfrentando tus limitaciones
.... 12
La fuerza del pensamiento .. 17
Aprendiendo de tus Errores 23
Cultivando la resiliencia 27
Tu autenticidad 32
Relaciones saludables 38
La gratitud 43
Conclusión 48

Introducción

El desarrollo personal es una práctica que puede transformar tu vida de muchas maneras.

En este libro, te guiaré a través de algunos de los conceptos clave del desarrollo personal, utilizando las enseñanzas del autor Gerry Sánchez como inspiración.

Este libro es un homenaje a ese hombre que no solo salvo mi vida en los momentos más oscuros, si no que sus enseñanzas llevaron mi vida a conocer las verdaderas victorias de la vida.

El mexicano Gerry Sánchez es en mi parecer uno de los autores más brillantes de esta época.

A lo largo de este libro verás muchas de sus enseñanzas combinadas con mucha de la experiencia que he obtenido a lo largo de los años.

Así que prepárate, probablemente este sea uno de los mejores libros jamás escrito de desarrollo personal.

Juntos, exploraremos cómo puedes cultivar la fuerza, la resiliencia y la claridad de pensamiento para crear la vida que deseas.

Comenzando el Camino

En este capítulo, exploraremos por qué es importante el desarrollo personal, qué es y cómo puedes comenzar a practicarlo.

Te daré herramientas y consejos para descubrir tus valores y objetivos, y cómo establecer un plan de acción para lograrlos.

Primero remontémonos a la época del renacentismo, esta gloriosa época dio a luz a muchos de los hombres más capaces de la historia del mundo.

Durante este periodo surgieron grandes artistas como Leonardo da Vinci, Miguel Ángel, Rafael y Botticelli, quienes crearon obras maestras que han resistido el paso del tiempo.

Además, el Renacimiento también fue un periodo de grandes descubrimientos científicos, como la invención de la imprenta, la observación astronómica de Copérnico, el trabajo de Galileo en física y astronomía, y el estudio de la anatomía humana por parte de Vesalio.

En resumen, el Renacimiento fue una época de grandes cambios y avances en la cultura y la ciencia europea, y tuvo un impacto duradero en la historia y la sociedad.

Pero que hizo a esta época tan especial para la historia de la humanidad.

La respuesta es sencilla y a la vez algo compleja, en el renacentismo los hombres llevaron sus habilidades y desarrollo a otro nivel.

Te pongo en contexto, normalmente todos conocemos a alguien que va al gimnasio y esta musculoso, o a alguien que creo sus empresas y tiene mucho dinero, o bien a alguien que es muy espiritual en todo lo que hace, y por supuesto todos conocemos a alguien al que le va increíble en el amor y la seducción.

Aquí es donde marcaremos una pauta, y si lo analizamos son grandes personas que están enfocadas de lleno en una sola área de sus vidas.

Esto es de aplaudir ya que por ese simple hecho ya están por encima de la mayoría de la población, la cual aunque me duele decirlo es mediocre en casi todos los sentidos.

Los renacentistas lograron desbloquear este gran potencial infinito que tenemos todos los humanos, y en resumen se enfocaron en vez de una sola área en cuatro.

Riqueza, Relaciones Personales, Salud optima y por supuesto en su espiritualidad.

Imagina hasta donde llegaría un hombre o mujer moderno renacentista, la cantidad y calidad de sus capacidades como persona.

Como eje central mira estas cuatro áreas como un vehículo que avanza a cuatro ruedas y por supuesto su eje que sostiene las demás es la espiritualidad.

Tomar este camino requiere de muchos sacrificios, pero las recompensas son infinitamente más grandes que cualquier esfuerzo que se haga.

Por que al igual que los renacentistas, vivirás con propósito y equilibrio, y lo más importante, tanto tus enseñanzas como lo que logres en esta vida podrán trascender el paso del tiempo.

Por lo tanto, el simple hecho de que consideres tomar este camino, te hará caminar por los pasos de muchos gigantes que hemos existido a lo largo de la historia.

Esa es la parte que hará que el camino sea el destino.

Serás una de las personas más completas de esta época y llevarás contigo el linaje y sudor de todos los que han estado antes que tú.

Este pequeño libro es prueba de esa sabiduría, y de todo lo que estas por realizar.

Enfrentando tus Limitaciones

Uno de los mayores obstáculos en el desarrollo personal son los miedos y limitaciones que nos impiden avanzar. En este capítulo, te enseñaré cómo reconocer y enfrentar estos obstáculos para que puedas liberar todo tu potencial.

Hablaremos sobre cómo superar el miedo al fracaso, el miedo al rechazo y cómo dejar de compararte con los demás.

Este probablemente sea el primer paso para transformar tu vida, y es el paso más difícil que es enfrentar a tu único y verdadero enemigo, tu ego.

Desde el comienzo de los tiempos el ego ha sido el responsable de las guerras, asesinatos, robos y cuanta cosa mala puedas imaginar.

Para que te pongas en perspectiva existe una película que se llama **Revolver** es creo la única película de Jason Sthatam en la cual sale con cabello.

El ego es esa voz en tu cabeza que te hace creer que eres tú, el responsable de tus decisiones y por lo tanto de tu destino.

El ego no puede ser vencido, no obstante puedes volverlo tu aliado e inclusive hacer que trabaje para ti.

Sin saberlo el ego ya te cuenta una historia en tu cabeza sobre tus limitaciones y sobre lo que puedes o no tener en tu vida.

Casi todas las personas viven en automático toda su vida sin si quiera saberlo, viven y mueren presos en una cárcel que ni quiera saben que existe.

Solo unos pocos hombres en el mundo sabemos esto, es a lo que muchos gurús del desarrollo personal le llaman la Matrix o el despertar.

La forma en la que puedes entrenar tu ego y abrir tu mente hacia todo el potencial infinito que tienes es enfrentando tus limitaciones.

Así como los animales salvajes es un tema de devorar o ser devorado.

Te daré algunos ejemplos muy básicos en cada área para que tu mismo te pruebes y lo hagas.

¿Cuánto es el peso máximo que puedes levantar con tus propias manos? ¿Lo has contemplado si quiera? ¿Lo máximo que puedes correr o caminar?

¿Qué pasaría si tu crearás desde cero varias empresas? ¿Te asustarían las grandes cantidades de dinero? ¿Estas preparado si eso llega a pasar?

¿Tu pareja es la que siempre quisiste o es con la que puedes estar actualmente? ¿Tu familia es la familia que quisieras tener? ¿Podrías decírselos? ¿Tus amigos aportan a tu vida o solo te restan?

¿Has visto lo grande que es el mundo? ¿Eres consciente de que otras culturas creen firmemente en otros dioses distintos al tuyo, y que tal vez el Dios que conoces es solo la enseñanza firme de tu cultura? Alguna vez has dado todo lo que tienes, absolutamente todo, ¿por el bienestar real de otro ser humano que no sea tu familiar o amigo?

Todas estas preguntas son muy básicas si solo las respondes, pero si tu con tus ojos y tus manos las compruebas empezarás a despertar.

Verás que el Universo es infinitamente más grande de lo que nuestro ego nos hace creer que sabemos.

Reta a tus limites y encontrarás las respuestas.

La Fuerza del Pensamiento

Tu mentalidad es clave en tu camino hacia el éxito. En este capítulo, te enseñaré cómo cultivar una mentalidad positiva y cómo transformar tus pensamientos negativos en positivos.

Hablaremos sobre cómo la auto charla positiva puede ayudarte a lograr tus objetivos y cómo puedes utilizar técnicas de visualización para manifestar lo que deseas.

Como te decía en el anterior capitulo el ego puede ser entrenado para volverse tu aliado.

Al igual que el ego tu mente puede ser programada para que alcances cualquier cosa que te propongas.

Esto lo puedes lograr a base de 2 cosas, tus hábitos y tu enfoque.

Piensa en un logro más grande de lo que podrías soñar, ser presidente, ir al espacio, tener cientos de empresas, etc.

Normalmente nuestra cultura nos enseña que primero debemos ser alguien para luego hacer algo y así cosechar los beneficios de eso.

Pues en nuestra realidad funciona de diferente manera, primero haces las cosas, esto te llevará ser alguien y luego vienen las recompensas.

Te pongo dos ejemplos, quieres ser un escritor es tan sencillo como ponerte a escribir, luego esos textos que escribas te van a llevar a querer aprender y ese aprendizaje tarde o temprano te llevará a ser un escritor y luego de eso cosecharás las ganancias.

Quieres ser una modelo Profesional, pues primero trabajas en tu apariencia, ejercicio, vestimenta, etc, luego aprendes lo que saben las modelos, te pruebas a ti misma en las pasarelas y al final te conviertes en una.

El pensamiento mainstream nos crea parálisis a la hora de querer alcanzar nuestros objetivos.

Ya que pasamos toda nuestra vida buscando a que llegue la oportunidad milagrosa, o que te ganes la lotería, etc.

Conozco personalmente cientos de emprendedores potenciales que nunca iniciaron sus negocios por esperar a tener equipos de ultima generación, o X inventario, etc.

Aquí es una de esas aristas donde se ve la diferencia entre una persona común y un hombre moderno renacentista.

Años después funde varias empresas, inversiones, etc. Mientras ellos no han dado ni siquiera un paso para alcanzar sus propios sueños.

Esto no es una cuestión de ser mejor que los demás, es una cuestión de que el ego tiene tan dominadas a las personas que los mantiene paralizados todas sus vidas.

No hay peor terror para un ser humano que pasar 40 años en el mismo lugar, llegar a la hora de su muerte lleno de arrepentimientos por todas las cosas que no pudo hacer y lograr.

Los cementerios están llenos de personas que nunca lograron sus sueños mientras tuvieron la **bendición de la vida.**

Las mejores cosas en esta vida cuestan y mucho, y no me refiero a dinero, me refiero a que todo lo que valga la pena tener y vivir en esta vida cuesta y mucho.

Una de las claves para superar esto es no negociar con tu mente, heces lo que sabes que tienes que hacer, punto.

Suena la alarma y no estas negociando con tu mente que cinco minutos más, cuando el pensamiento llego ya estas de pie ordenando tu cama y listo para empezar tu día.

Eso es a prueba de motivación sin importar que, haces lo que debes hacer, no es negociable.

Aprendiendo de tus Errores

Todos cometemos errores, pero la forma en que los manejamos es lo que nos define.

En este capítulo, aprenderás a abrazar tus errores como oportunidades de aprendizaje y crecimiento. Hablaremos sobre cómo puedes superar el miedo al fracaso y cómo aprender de tus errores para no repetirlos en el futuro.

La experiencia es el primer paso hacia la sabiduría, por eso es vital que cada conocimiento que obtengamos lo pasemos a la acción.

Aprender sin hacer es básicamente lo mismo que cuando uno sueña con cosas inalcanzables.

Si no tienes tiempo de trabajar en tus metas no eres un hombre con metas, eres un niño con sueños.

Ahí es donde está la diferencia, donde encuentras la Y, rumbo hacia tu mejor versión o rumbo al clásico que hubiera sido.

Un hombre moderno renacentista tiene muy claro esto, es necesario hacer las cosas por una sencilla razón, la experiencia.

Nuestras vidas son fugaces y tienes que perder el miedo a hacer el ridículo o a crear cosas que aún no se han creado.

Si lo analizas bien, todo lo que hay en nuestro alrededor fue concebido primero en la mente de alguien.

Todos los edificios, carreteras, electricidad, etc.

La realidad es que tienes que equivocarte y mucho, y el ego tiende a hacerte creer que equivocarse es igual a fracasar.

¿Pero que no todos los grandes personajes de la historia han metido la pata?

Ninguno de ellos ha tenido un gran éxito que no haya precedido de errores, al final del día fueron seres humanos como tu y como yo.

No tengas miedo a fracasar o a equivocarte, por que un hombre que se equivoca lo suficiente es un hombre que aprende de primera mano lo que si va a funcionar.

Equivocarse es pulirte, y si no te pules no alcanzas la excelencia.

¿Qué es lo peor que podría pasar? ¿Qué estes más cerca de tus metas?

Cultivando la Resiliencia

En este capítulo, te enseñaré cómo cultivar la resiliencia y cómo superar los momentos difíciles para fortalecerte.

Hablaremos sobre cómo la meditación y la práctica del mindfulness pueden ayudarte a cultivar la resiliencia y cómo puedes desarrollar una mentalidad de "crecimiento" para superar los desafíos.

Aquí hay varios conceptos sobre los que te voy a hablar:

Resiliencia: se refiere a la capacidad de las personas para hacer frente a situaciones adversas y recuperarse de ellas. La resiliencia implica la habilidad de adaptarse a cambios y superar obstáculos, manteniendo una actitud positiva y perseverando en la búsqueda de soluciones.

Estoicismo: es una filosofía que promueve el autocontrol, la moderación y la virtud como forma de alcanzar la felicidad. Los estoicos creían en aceptar las cosas que no se pueden cambiar y centrarse en aquello que sí se puede controlar, como las propias emociones y acciones.

Ataraxia: es un término que proviene de la filosofía griega y se refiere a la tranquilidad o serenidad que se alcanza a través de la liberación de las pasiones y las emociones. La ataraxia se asocia con la filosofía epicúrea, que promueve el placer como forma de alcanzar la felicidad.

Eudaimonia: es un término griego que se refiere a la felicidad o bienestar integral que se alcanza a través del desarrollo de la virtud y el cumplimiento de nuestro propósito en la vida. La eudaimonia se asocia con la filosofía aristotélica, que considera que la felicidad no es un estado pasivo sino un logro que se alcanza a través de la actividad y la realización de nuestras potencialidades.

En resumen, la resiliencia implica la capacidad de enfrentar y superar situaciones difíciles, mientras que el estoicismo, la ataraxia y la eudaimonia son filosofías que buscan la felicidad a través del autocontrol, la serenidad y el desarrollo de la virtud y el propósito en la vida.

Hay muchos libros sobre estos temas, te recomiendo algunos:

Resiliencia: "La fuerza de la resiliencia" de Boris Cyrulnik, "El poder de la resiliencia" de Robert Brooks y Sam Goldstein, y "La resiliencia: resistir y rehacerse" de Alain Braconnier.

Estoicismo: "Meditaciones" de Marco Aurelio, "Ensayos" de Seneca, "Cartas a Lucilio" de Seneca, y "Disertaciones" de Epicteto.

Ataraxia: "Cartas a Meneceo" de Epicuro, "La tranquila alegría" de Séneca, "La felicidad estoica" de Justo Fernández López.

Eudaimonia: "Ética a Nicómaco" de Aristóteles, "La República" de Platón, "Vida feliz y vida decorosa" de Lucio Anneo Séneca.

Tu Autenticidad

Para vivir una vida auténtica y plena, debes ser fiel a ti mismo.

En este capítulo, te enseñaré cómo abrazar tu autenticidad y cómo encontrar la fuerza en tu singularidad. Hablaremos sobre cómo descubrir tus valores y cómo utilizarlos para tomar decisiones alineadas con tu autenticidad.

Tu eres el capitán de tu propia vida, tú puedes decidir hoy mismo hacia dónde vas a dirigirla.

También discutiremos cómo lidiar con las expectativas de los demás y cómo ser fiel a ti mismo en tus relaciones.

A como te vendes te contratan, tu le enseñas al mundo como tratarte, has tú mismo este experimento.

Día 1: Ve un día a tu restaurante favorito con ropa vieja, rota o desgarrada y observa cómo te tratan.

Día 2: Ve este día a ese mismo restaurante con el traje más elegante que tienes y observa cómo te tratan.

No se trata de elegancia, se trata de que las personas como animales sociales que somos le damos prioridad al estatus.

Por que crees que todos quieren un auto de lujo, una casa en la playa y un avión privado.

Muchos gastan todo su dinero en ropa o tenis solo por la marca, creyendo inocentemente que eso les va a dar estatus.

Todos quieren la foto de Instagram, el video perfecto o inclusive la boda perfecta, por una sola razón, el estatus.

El verdadero estatus se construye alrededor de la persona no de lo que tiene o usa.

Tu eres tu propia marca personal y debes tratarte como tal.

Lo importante de comprar un Ferrari no es el Ferrari, **es la persona en la que tienes que convertirte** para comprar ese Ferrari.

El antiguo arte de los reyes era hacerle creer al pueblo que su labor era fácil.

Esto automáticamente reforzaba su posición de poder y liderazgo, o en términos entendibles su estatus.

Ya que los ciudadanos comunes al intentar hacer lo mismo fracasaban al intentarlo.

Te pongo en contexto, supongamos que tu trabajas 5 horas más todos los días adicionales a tu trabajo, esto tarde o temprano va a traer recursos adicionales a tu bolsillo.

Con esos recursos vas a tener acceso a comprarte otro tipo de cosas, supongamos que pagas un viaje medianamente costoso.

Tus vecinos al ver que hiciste dicho viaje intentarán tener el mismo resultado ya que su ego les dirá que deben hacerlo.

Efectivamente van y hacen su viaje, pero mientras tu trabajaste esas 5 horas más diarias, tu vecino paso esas 5 horas viendo películas en su casa.

La solución del ego es que tiene que tener el mismo resultado, pero no te dice el trabajo duro que hay detrás de ese viaje.

Su solución rápida es endeudarse o pasar su tarjeta de crédito, para tener ese resultado.

Ambos tuvieron el mismo resultado solo que uno quedo endeudado a más no poder, mientras que el otro siguió produciendo dinero.

Si quieres saber como los más exitosos del mundo han logrado sus resultados aprende de sus experiencias en especial de sus fracasos y esfuerzos.

El resultado es solo un colateral del estatus que la persona ha construido.

Relaciones Saludables

Las relaciones saludables son fundamentales para nuestra felicidad y bienestar.

En este capítulo, te enseñaré cómo cultivar relaciones saludables y cómo lidiar con las relaciones tóxicas. Hablaremos sobre cómo establecer límites saludables en tus relaciones, cómo comunicarte de manera efectiva y cómo fomentar la empatía y la compasión en tus interacciones con los demás.

Lo Primero que debes saber es que eres el resultado de las cinco personas más cercanas a ti.

Si son cinco perdedores lo más probable es que tu serás un perdedor, no obstante si son personas brillantes en todo aspecto tu también lo eres o lo llegarás a ser.

Aquí es importante priorizar la calidad antes de la cantidad.

Tu eres el jefe de tu propia vida, tu decides a quien contratas y a quien despides.

Y eso aplica para familiares, pareja y amigos, si tu eres una persona que les va a aportar valor, no dejes que se acerquen a ti aquellos que solo buscan restar.

Tener un círculo social sano es importante para nuestro bienestar emocional y mental, ya que nos permite conectarnos con otras personas, compartir experiencias y apoyo mutuo. Aquí te dejo algunos consejos para mantener un círculo social sano:

Identifica tus valores y busca personas que compartan tus intereses y principios. Esto te ayudará a conectarte con personas que tengan una visión del mundo similar a la tuya.

Participa en actividades que disfrutes y que te permitan conocer gente nueva. Puedes unirte a un club de lectura, un grupo de deportes, un taller de arte, etc.

Aprende a escuchar y a mantener una comunicación abierta y honesta. Una buena comunicación es esencial para establecer relaciones saludables y duraderas.

Sé auténtico y honesto contigo mismo y con los demás. Evita pretender ser alguien que no eres para agradar a los demás. La sinceridad y la autenticidad son clave para establecer relaciones sólidas.

Establece límites saludables. Es importante decir "no" cuando es necesario y aprender a priorizar tus necesidades.

Mantén contacto regular con tus amigos y familiares. Aunque a veces la vida se pone ocupada, es importante mantener un contacto regular para mantener la relación activa.

Aprende a perdonar y a resolver conflictos de manera constructiva. Las relaciones pueden tener altibajos, pero es importante ser capaz de perdonar y resolver los conflictos de manera constructiva.

Recuerda que un círculo social sano no solo implica tener muchas amistades, sino tener relaciones auténticas y significativas. Cuida tus relaciones, aprende a ser selectivo y enfócate en aquellas personas que te aporten positivamente en tu vida.

La Gratitud

La gratitud es una práctica poderosa que puede transformar tu vida. En este capítulo, te enseñaré cómo cultivar la gratitud y cómo utilizarla para aumentar tu felicidad y bienestar.

Hablaremos sobre cómo practicar la gratitud en tu vida diaria, cómo mantener un diario de gratitud y cómo utilizar la gratitud para superar momentos difíciles.

El Universo se mueve por vibraciones y al final del día atraemos lo que somos. El Universo es mente y la mente es Universo.

Si eres alguien agradecido con todo lo que tienes, podrás jugar mejor las cartas que la vida te ha dado.

Al final del día todo lo que hay en nuestra vida es un reflejo de lo que hay en nuestro interior.

La gratitud es un sentimiento de apreciación y reconocimiento por lo que tenemos en nuestras vidas. Es un sentimiento muy poderoso que nos puede ayudar a ser más felices y saludables emocionalmente.

A continuación, te explico algunas razones por las que la gratitud es importante en la vida:

Aumenta la felicidad: Las personas que practican la gratitud suelen ser más felices.

Al enfocarnos en las cosas positivas que tenemos en nuestras vidas, somos capaces de ver el lado positivo de las cosas, lo que nos ayuda a disfrutar más el presente y a tener una perspectiva más positiva del futuro.

Mejora la salud mental: La gratitud se ha relacionado con una disminución de los síntomas de depresión, ansiedad y estrés. Al enfocarnos en lo que tenemos en lugar de lo que nos falta, podemos reducir la ansiedad y la preocupación por el futuro.

Fortalece las relaciones interpersonales: La gratitud nos ayuda a sentirnos más conectados con los demás, ya que nos hace más conscientes de las cosas positivas que las personas hacen por nosotros.

Al expresar nuestra gratitud hacia los demás, les hacemos saber que apreciamos su presencia y lo que hacen por nosotros.

Mejora la autoestima: La gratitud también puede mejorar nuestra autoestima. Al centrarnos en nuestras fortalezas y en lo que tenemos en lugar de lo que nos falta, podemos sentirnos más seguros de nosotros mismos y de nuestras habilidades.

Fomenta la resiliencia: Las personas agradecidas suelen ser más resistentes ante los obstáculos y situaciones difíciles. La gratitud nos ayuda a mantener una perspectiva positiva, lo que nos permite superar las dificultades con mayor facilidad.

En resumen, la gratitud es importante en la vida porque nos ayuda a ser más felices, a mejorar nuestra salud mental, a fortalecer las relaciones interpersonales, a mejorar nuestra autoestima y a fomentar la resiliencia. Practicar la gratitud puede ser tan simple como tomar unos minutos cada día para reflexionar sobre lo que tenemos en nuestras vidas y sentirnos agradecidos por ello.

Conclusión

En este libro, hemos explorado algunas de las herramientas y prácticas clave del desarrollo personal.

Recuerda que el camino hacia el desarrollo personal no es fácil, pero con perseverancia y dedicación, puedes transformar tu vida y alcanzar tus objetivos.

Continúa cultivando tu fuerza, resiliencia y autenticidad, y no te rindas en tu camino hacia una vida plena y satisfactoria.

Desde el autoconocimiento hasta el establecimiento de metas, desde la resiliencia hasta la gratitud, cada capítulo ha brindado una perspectiva valiosa y herramientas prácticas para ayudarte a crecer y desarrollarte.

Recuerda que el camino del desarrollo personal no es fácil, y no es algo que se logre de la noche a la mañana. Requiere tiempo, esfuerzo y dedicación constante.

Pero también es una aventura emocionante y gratificante que te permitirá crecer como persona y alcanzar tus objetivos.

No olvides que eres el dueño de tu propio camino, y que cada pequeño paso que des hacia tu desarrollo personal es importante y valioso.

Así que sigue adelante, con coraje y determinación, y recuerda que eres capaz de lograr lo que te propongas.

Agradezco sinceramente por haber leído este libro, espero que las herramientas y perspectivas que hemos compartido aquí te sean de ayuda en tu camino hacia el desarrollo personal.

Es mil veces mejor ser un guerrero en un jardín a ser un jardinero en la guerra.

Las Katanas se forjan y se forjan, la clave esta en como se forja el acero.

¡Te deseo todo lo mejor en tu viaje!

www.ingramcontent.com/pod-product-compliance
Lightning Source LLC
Chambersburg PA
CBHW031552210526
45464CB00003B/1266